Ismaël Galagoussov

YU-GI-OH

30

Yu-Gi-Oh!

Kazuki TAKAHASHI

高橋和希

kana

PRÉSENTATION DES PERSONNAGES ET RÉSUMÉ DES ÉPISODES PRÉCÉDENTS

LES FORCES DES TÉNÈBRES ATTIRENT LES MAUVAIS ESPRITS.

YÛGI EST RESTÉ INVAINCU GRÂCE AU POUVOIR DE SON PUZZLE MILLÉNAIRE. JUSQU'AU JOUR OÙ SON CHEMIN A CROISÉ CELUI DE SETO KAIBA, DIRECTEUR DE LA KAIBA CORPORATION. S'ENSUIVRONT DEUX DUELS ÉPIQUES AU JEU MAGIC AND WIZARDS, QUE YÛGI GAGNERA À LA FORCE DE SON TALENT. DEPUIS, SETO KAIBA NOURRIT UNE TERRIBLE RANCUNE, UNE RIVALITÉ POUR L'ÉTERNITÉ EST DÉFINITIVEMENT INSTALLÉE ENTRE CES DEUX PERSONNAGES... YÛGI ET SON AMI JÔNO-UCHI IRONT JUSQU'À AFFRONTER ET VAINCRE PEGASUS, LE GÉNIAL INVENTEUR DU JEU MAGIC AND WIZARDS, LORS D'UN TOURNOI DOTÉ D'UNE PRIME COLOSSALE ! CET ÉPISODE A PAR AILLEURS DÉFINITIVEMENT SCELLÉ LA COMPLICITÉ ENTRE YÛGI ET SON DOUBLE.
KAIBA ORGANISE UN GIGANTESQUE TOURNOI NOMMÉ BATTLE CITY QUI VIENT DE COMMENCER DANS LA VILLE DE DOMINO ! YÛGI, KAIBA, JÔNO-UCHI ET MARIK SE RETROUVENT EN DEMI-FINALE SUR UNE ÎLE ARTIFICIELLE OÙ DOIVENT SE DÉROULER LES DERNIÈRES ÉPREUVES. LES DEUX PREMIERS DUELS OPPOSENT MARIK À JÔNO-UCHI ET YÛGI À KAIBA ! MARIK IMPOSE UN CRUEL JEU DES TÉNÈBRES À JÔNO-UCHI QUI S'ÉCROULERA SOUS LE REGARD AFFOLÉ DE SES AMIS. LA MORT DE JÔNO-UCHI AFFECTE YÛGI ET IL PERD SA MOTIVATION... TOUTEFOIS, LE TORQUE MILLÉNAIRE D'ISIS PERSUADE YÛGI QUE SON AMI VA RESSUSCITER. KAIBA VS YÛGI! OSIRIS AFFRONTE L'OBÉLISQUE. KAIBA CHARGE YÛGI EN DÉVOILANT TROIS "BLUE EYES WHITE DRAGON". YÛGI VA- T-IL S'EN SORTIR ?!

LA MYTHIQUE CARTE RARE

CELUI QUI RÉUSSIRA À RÉUNIR LES TROIS CARTES DIVINES SERA SACRÉ ROI. SUR LES TROIS CARTES EXISTANTES, L'UNE EST EN POSSESSION D'ISIS ET LES DEUX AUTRES... SONT ENTRE LES MAINS MALÉFIQUES DU GROUPE DES GHOULS, UNE ASSOCIATION DE MALFAITEURS QUI VOLENT ET MANIPULENT LES CARTES DE JEU RARES ! ISIS A CONFIÉ SA CARTE, "LE SOLDAT GÉANT DE L'OBÉLISQUE", À KAIBA DE CRAINTE QUE SON FRÈRE MARIK NE DISPOSE DU POUVOIR DE CES CARTES RÉUNIES ET NE DEVIENNE INCONTRÔLABLE. KAIBA ORGANISE ALORS LE TOURNOI BATTLE CITY ET SE LANCE À CORPS PERDU DANS LA BATAILLE. ET POUR LA PREMIÈRE FOIS, MARIK, KAIBA ET YÛGI SE RETROUVENT POUR UN DUEL ENFLAMMÉ. LEQUEL DES TROIS DEVIENDRA ROI ? YÛGI VA-T-IL RETROUVER SA MÉMOIRE DISPARUE ?

LA MÉMOIRE DISPARUE DU ROI

LE MYSTÈRE DES OBJETS MILLÉNAIRES A ÉTÉ LEVÉ LORS DES RENCONTRES DE YÛGI AVEC PEGASUS DANS UN PREMIER TEMPS, ET ENSUITE AVEC L'ÉNIGMATIQUE ISIS. LES SEPT OBJETS MILLÉNAIRES SONT DESTINÉS À REJOINDRE UNE TABLETTE FUNÉRAIRE CONSERVÉE DANS UN SANCTUAIRE SOUTERRAIN EN ÉGYPTE. IL SUFFIRA DE RASSEMBLER CES OBJETS POUR FAIRE RESSUSCITER LA MÉMOIRE DU ROI, ENFERMÉE DANS CETTE TABLETTE ! LES DESSINS FIGURANT SUR CETTE TABLETTE REPRÉSENTENT LE ROI, SOUS LES TRAITS DU DOUBLE DE YÛGI ! LE 6e OBJET MILLÉNAIRE, QUI PERMET DE PRÉDIRE L'AVENIR, EST ENTRE LES MAINS D'ISIS. CETTE DERNIÈRE A PRÉDIT ÉGALEMENT À YÛGI QU'IL LUTTERAIT DURANT LE TOURNOI BATTLE CITY CONTRE CELUI QUI DÉTIENT LE 7e OBJET...

YU-GI-OH !

Yu-Gi-Oh!

Volume 30

Sommaire

Battle 260 Une âme ardente !! p.7

Battle 261 Au-delà de la haine !! p.27

Battle 262 Ensemble !! p.47

Battle 263 Le monstre qui nous sépare. p.67

Battle 264 La carte rajoutée. p.87

Battle 265 Une finale au sommet !! p.107

Battle 266 Un piège rapide !! p.127

Battle 267 L'affrontement !! Osiris vs Râ !! p.147

Battle 268 L'immortel Râ !! p.167

Battle 260
UNE ÂME ARDENTE !!

TROIS "BLUE EYES WHITE DRAGON" !!!!!
ZDOOO
ZDOOO

KRUU KRUU... LORSQUE ROAD OF DRAGON JOUE DE LA FLÛTE, TOUS LES MONSTRES DE LA FAMILLE DES DRAGONS PRÉSENTS DANS LE JEU DE CARTES PEUVENT ÊTRE INVOQUÉS.
URKS...
GLOOP
JE NE VOIS AUCUNE CHANCE POUR QUE TU PUISSES ÉCHAPPER AUX TROIS DRAGONS.
J'AI DANS MON CAMP "BLACK MAGICIAN" ET "MAGNET WARRIOR BÊTA"...
MAGNET WARRIOR BÊTA Défense 1600
BLACK MAGICIAN Attaque 2500
ZDOO ZDOO ZDOO
ZROO ZROO
MES DEUX MONSTRES NE FERONT PAS LE POIDS FACE AUX TROIS DRAGONS...!!
C'EST BIENTÔT FINI...
... POUR MOI...

YÛGI, TU PEUX FAIRE TA PRIÈRE !!!
ZDOO
UN TRISTE SOUVENIR QUI RESTERA GRAVÉ À JAMAIS DANS TA MÉMOIRE !!!
ZDOO
ZDOO
ZDOO
L'ATTAQUE DES TROIS DRAGONS !!!!
GROO
GROO
OUI, LE SOUVENIR DE MON NOM. CELUI QUI T'A BATTU !! WAH HA HAAA !

GROO
GROO
GROO
GROO
GROO
URKS
...!
GROO
GROO
YÛGI,
TU NE
DOIS PAS
PERDRE
!!!!
!!

JONOUCHI !...
SOUVIENS-TOI DE CE QUE TU DISAIS.
UN JEU DE CARTES POSSÈDE TOUJOURS UNE POSSIBILITÉ...

GROO
SON JEU DE CARTES ...
GROO
MAIS OUI !!!!
GROO
GROO
J'AI COMPRIS.
GROO
GROO
YÛGI, NE BAISSE PAS LES BRAS !!!!
C'EST AINSI QU'ON DEVIENT UN VÉRITABLE DUELLISTE. TU L'AS OUBLIÉ ?
GROO
IL N'Y A PLUS D'ESPOIR !!!
LA LUMIÈRE DE LA DÉFAITE T'OUVRIRA LA VOIE DES TÉNÈBRES !!!!
GROO
GROO
!!

COMMENT?!
ZDOM
GRoo
ゴ
RED EYES BLACK DRAGON ★★★★★★★
Attaque 2400
Défense 2000
RED EYES BLACK DRA-GON !!
GRoo GRoo
ゴ ゴ

LE SON DE LA FLÛTE DONNE UN POUVOIR PARTICULIER AUX CARTES DE LA FAMILLE DES DRAGONS...
L'EFFET SE FERA SENTIR SUR TES CARTES...
... MAIS AUSSI SUR LES MIENNES...
ZDOO
RED EYES BLACK DRAGON.
ZDOO
ZDOO ZDOO
JÔNO-UCHI M'A CONFIÉ CETTE CARTE. ELLE SYMBOLISE SON ÂME !
URKS !!
YÛGI POSSÈDE CETTE CARTE DEPUIS SON COMBAT AVEC JÔNO-UCHI. LORSQUE CE DERNIER ÉTAIT ENSORCELÉ.
JE NE PENSAIS PAS QU'IL L'AVAIT MISE DANS SON JEU DE CARTES.
GROO GROO
MES TROIS DRAGONS NE VONT EN FAIRE QU'UNE BOUCHÉE !!!!!

BURST STREAM !!!!!
ZKYOOOO
BLUE EYES WHITE DRAGON Attaque 3000
!
OOOON
MA PREMIÈRE CIBLE EST "BLACK MAGICIAN" !!!!
MA CARTE MASQUÉE "LE LIVRE DE MAGIE" PEUT AUGMENTER LA PUISSANCE DE MON MAGICIEN DE 500 POINTS... MAIS CE N'EST PAS SUFFISANT POUR LUTTER CONTRE LES DRAGONS !!
BIEN !!!
BLACK MAGICIAN Attaque 2500

JE DÉCLENCHE LA CARTE MASQUÉE !!!
BLAM
"LE CYLINDRE MAGIQUE" !!!
LE CYLINDRE MAGIQUE (carte de magie)
Le cylindre magique est un instrument utilisé par le magicien pour absorber et renvoyer une attaque à son expéditeur.
DONG
"LE CYLINDRE MAGIQUE" !!!!!
GROOOO
ZAKYUUU
UN INSTRUMENT QUE SEUL LE MAGICIEN PEUT UTILISER !!!!
WOOOW
IL VA REJETER L'ATTAQUE DU DRAGON ET L'ENVOYER AU CIMETIÈRE !!!!

LE CYLINDRE VA SE DIRIGER VERS SON ADVERSAIRE ET FAIRE FEU !!
ZOKYUUUU
... CETTE ATTAQUE NE SERVIRA À RIEN !!
YUGI... DÉSOLÉ, MAIS ...
TU NE M'APPRENDS RIEN. ROAD OF DRAGON EST ENCORE ACTIF. LA MAGIE NE PEUT AGIR SUR LES DRAGONS !!
JE LE SAIS !
FUH FUH ...
!!
C'EST POURQUOI...
... JE VAIS ME DÉBARRASSER DE LUI EN PREMIER !!!
BLAM

ROAD OF DRAGON !!!!
GWOOW
DETRUIT !!!
ZDOOOM
PAS Si ViTE !!!
iL ME RESTE ENCORE L'ATTAQUE DES DEUX AUTRES DRAGONS !!!!
GRR...
DoKyUUUUU
DoKyUUUUU

GROOOOOU
RED EYES BLACK DRAGON VA DISPARAÎTRE !!
BLUE EYES WHITE DRAGON Attaque 3000
RED EYES BLACK DRAGON Attaque 2400
SON ÂME EST INVINCIBLE !!!!
JE DÉCLENCHE MON PIÈGE !!!!
LA MALÉDICTION DU PENTAGRAMME (carte piège)
Celui qui subit son attaque s'expose à la malédiction du pentagramme.
LA MALÉDICTION DU PENTAGRAMME !!!
ZDOM

GSHIIIN
"ROAD OF DRAGON" A QUITTÉ LA PARTIE ! DÉSORMAIS, LE PIÈGE FERA SON EFFET SUR LA FAMILLE DES DRAGONS !!!
BLUE EYES WHITE DRAGON 1 Attaque 2300
URKS ...!!
LA MALÉDICTION DU PENTAGRAMME VA ANNULER L'ATTAQUE DU WHITE DRAGON ET...
... FAIRE BAISSER LE NIVEAU D'ATTAQUE DE 700 POINTS !!!
GROO
GROO
GROO
ET MAINTENANT LA CONTRE-ATTAQUE DE RED EYES BLACK DRAGON !!!
GROO
GROO GROO

ZBOOOOOM
KOKUENDAN!!!
ZBOOOOOM
LE DRAGON EST PULVÉRISÉ !!!!

WOOAW
URKS !!
CE MAUDIT ...
UNE CARTE AUSSI NULLE QUI TUE MON DRAGON ...
KAIBA
Points de vie
1900
JONOUCHI !!
JE TE REMERCIE POUR TON AIDE...!
YUGI !!!!! TU DOIS GAGNER !!!!!!
OUI !!!

!
MON FRÈRE ...
JÔNO-UCHI !!
...

L'ATTAQUE DU TROISIÈME DRAGON VIENT DE PULVÉRISER "MAGNET WARRIOR BÊTA" !!!!
ZBOOOM
IL RESTE ENCORE DEUX "BLUE EYES WHITE DRAGON" !!!!!
L'APPARITION DE SON DRAGON NOIR AVAIT QUELQUE PEU PERTURBÉ MES PLANS...
MAIS RIEN N'EMPÊCHERA CETTE VICTOIRE QUI M'EST PROMISE.
FUHM.
ZDOO
ZDOO ZDOO
LA RECHERCHE DE MA MÉMOIRE DISPARUE !!!
LA PROMESSE FAITE À MON AMI !!
JE DOIS GAGNER ET SAISIR CETTE LUMIÈRE DE LA GLOIRE !!!!

Battle 261
AU-DELÀ DE LA HAINE !!

BLUE EYES WHITE DRAGON 3 Attaque 3000 Défense 2500
BLUE EYES WHITE DRAGON 2 Attaque 3000 Défense 2500
BLACK MAGICIAN Attaque 2500 Défense 2100
RED EYES BLACK DRAGON Attaque 2400 Défense 2000
LA FLÛTE QUI APPELLE LES DRAGONS SE TROUVE DANS LE CIMETIÈRE. JE VAIS DONC PIOCHER UNE CARTE.
KAIBA Points de vie 1900
YÛGI Points de vie 1500
YÛGI ! TU AS DEUX MONSTRES DANS TON CAMP...
CETTE FOIS, CE N'EST PAS TON NIVEAU DE PROTECTION QUI TE PROTÈGERA DE L'ATTAQUE DE MES DRAGONS.
...
JE VAIS ÉGALEMENT EN PROFITER POUR VERROUILLER TOUTE TA DÉFENSE, TU NE M'ÉCHAPPERAS PAS...

JE MASQUE DEUX CARTES ET...
...TERMINE MON TOUR !!!!
VLA
VLAM
À MOI DE JOUER...
VLAF
JE TIRE UNE CARTE !!!
JE N'AI QUE DEUX CARTES EN MAIN...
QUE PRÉPARE KAIBA POUR LE TOUR SUIVANT...?
JE MASQUE DEUX CARTES !!!
VLA VLAF

JE PLACE "RED EYES BLACK DRAGON" EN POSITION DE DÉFENSE.
VLAF
KRUU KRUU...
KAAH
IL EST FAIT COMME UN RAT !!!
JE DÉCLENCHE LE PIÈGE PERMANENT !!!!!
DOM
!!
GLOUPS
UN PIÈGE !!!!
VLAF
LES MONSTRES SONT TOUS EN POSITION D'ATTAQUE !!!!
FUH FUH...

UN PIÈGE PERMANENT, "L'ULTIME ORDRE D'ATTAQUE" !!!!
LA PRÉSENCE DE CETTE CARTE PERMET AUX MONSTRES PRÉSENTS D'ÊTRE TOUJOURS EN POSITION D'ATTAQUE !!!
CE N'EST PAS TOUT.
NOUS DEVONS CHOISIR TROIS CARTES DU TAS ET PLACER LES AUTRES QUE L'ON A EN MAIN DANS LE CIMETIÈRE !!!!
L'ULTIME ORDRE D'ATTAQUE
(piège permanent)
Les monstres présents se mettent tous en position d'attaque. Les joueurs doivent choisir trois cartes du tas de cartes et abandonner celles qu'ils ont en main.
ZDOM
ZROO ZROO
COM-MENT ?!
GARDER TROIS CARTES ET JETER LES AUTRES AU CIMETIÈRE ...?!
JE N'AURAI PAS BESOIN DE PLUS DE TROIS TOURS POUR GAGNER...
ALLEZ... TES MAIGRES ESPOIRS REPOSENT SUR LES CARTES QUE TU VAS TIRER.
MON CHER YÛGI !!!
URK...
JE VAIS CHOISIR "LA RÉSURREC-TION DES MORTS"...
MON ULTIME PRÉPARATION POUR EN FINIR AVEC LUI...
FUH FUH ...
TU ES BIENTÔT FINI !
...
JE TER-MI-NE...
... MON TOUR ...

...
JONO-UCHI!!!
MON FRÈRE !!!
...
SHIZUKA !
MAIS BIEN SÛR...
J'AI AFFRONTE MARIK...
JONO-UCHI!!!
DIS-MOI, SALOPARD !!!
TU NE DÉCONNES PAS ?! TU AS BIEN RETROUVE TES ESPRITS ?!
MON FRÈRE !!!
URH...
SNIF SNIF...
SALAUD ! TU NOUS AS BIEN FOUTU LA TROUILLE !!!
C'EST LA DERNIÈRE FOIS QUE TU NOUS FAIS LE COUP DU "MORT" ! T'AS COMPRIS ?!
C'EST QUOI TOUT CE BAZAR ?
...
POURQUOI ?
JE N'EN REVIENS PAS !!!
SCRAGH SCRAGH

EH...
ET YÛGI ...?
OÙ EST-IL PASSÉ ?
!!
iL AFFRONTE KAIBA !
MAIS ALORS ?! QU'EST-CE QUE VOUS FOUTEZ TOUS ICI ?!
C'EST DE TA FAUTE, TU ÉTAIS EN TRAIN DE MOURIR !!!
BON, ON VA LE REJOINDRE !!
OUAIS !!!
DASH
YÛGI !!!
TU N'AS PAS INTÉRÊT À PERDRE !!!!!

À MOI DE JOUER !!!
ZDOO
ZDOO
ZDOO
ZDOO
ZROSH
LES TROIS CARTES LAISSÉES DANS LE TAS PAR KAIBA...
IL N'A TOUJOURS PAS UTILISÉ "LA RÉSURRECTION DES MORTS"...
JE PIOCHE !!!
FUH FUH FUH...
VLAF
IL VA RÉUNIR SES TROIS DRAGONS POUR LES FAIRE FUSIONNER...
SON TAS DE CARTES DOIT CONTENIR "LA RÉSURRECTION DES MORTS" ET "LA FUSION"...

JE DÉCLENCHE LA CARTE DE MAGIE "LA RÉSURRECTION DES MORTS" !!!!
"LA RÉSURRECTION DES MORTS" !!!!
ZDOM
TU DEVINES QUEL MONSTRE JE VAIS FAIRE REVENIR...?
GROO GROO
WAH HA HA HA HA
GROO GROO
LES TROIS DRAGONS SONT À NOUVEAU RÉUNIS !!!!

CE N'EST PAS TOUT.
VLA
JE DÉVOILE MA CARTE MASQUÉE !!!
LE BLUE EYES WHITE DRAGON ULTIME !!!!
ZDOM
"LA FUSION" !!!!
COMMENT ?!
LA FUSION
SA CARTE "LA FUSION" ÉTAIT DÉJÀ ENGAGÉE DANS LA PARTIE ?!
ZDOO
GROO GROO
GROO GROO

ZDOOO
ZDOOO

LA FUSION ULTIME DES DRAGONS !!!
CE MONSTRE DÉPASSE EN PUISSANCE LE NIVEAU D'ATTAQUE DE L'OBÉLISQUE !!!
GLOUPS
LE DRAGON ULTIME...
JE NE PENSAIS PAS QUE KAIBA PUISSE GAGNER ...
YUGI NE POURRA PAS VAINCRE CE DRAGON ULTIME !! MON FRÈRE A GAGNÉ !!!
MAIS ÇA NE CHANGE RIEN.
JE DEVAIS LES ÉLIMINER ...
SETO...
TU M'AS BATTU POUR CHANGER TON DESTIN.
ENSUITE...
... TU DEVRAS FAIRE FACE À LA TERRIBLE VÉRITÉ QUI EST INSCRITE DANS LA PIERRE...

YŪGI...
... JE VAIS TE BATTRE ET RÉCUPÉRER UNE CHOSE TRÈS IMPORTANTE...
JE NE PARLE PAS D'UNE SIMPLE HISTOIRE DE VENGEANCE OU D'UNE AUTRE RANCUNE...
ZRDDD
TU VAS SAVOIR POURQUOI JE TENAIS TANT À T'AFFRONTER...
C'EST POUR CETTE RAISON QUE J'AI ORGANISÉ CE BATTLE CITY.
ET J'AI ENFIN TROUVÉ LA RÉPONSE !
QUELLE RÉPONSE...?
CETTE PIERRE EST À L'ORIGINE DE TOUT...
LA RÉPONSE Y EST GRAVÉE...
YŪGI, TU TE BATS POUR RETROUVER LA CLÉ DE TA MÉMOIRE QUI SE TROUVE DANS CETTE PIERRE.
MAIS POUR MOI, CE QUE TU CHERCHES N'EST QU'UNE RELIQUE D'UN PASSÉ SANS INTÉRÊT...
...
MON PASSÉ...

JE SUIS DIFFÉ-RENT !!!
POUR MOI, LE PASSÉ NE REPRÉSENTE RIEN !
VLAM
MOKUBA...
NOUS AVONS PERDU NOS PARENTS... ON NOUS A IMPOSÉ UNE VIE DANS UN PENSIONNAT ...
NOUS AVONS ENSUITE ÉTÉ ADOPTÉS PAR KAIBA GÔZABURÔ. UN HOMME QUI NOUS A BRUTALISÉS TOUS LES JOURS... NOS RÊVES DE VIVRE DANS UNE FAMILLE ACCUEILLANTE S'ÉTAIENT ENVOLÉS ...
FINALEMENT DANS CET UNIVERS DE CONSPIRATIONS ET DE MACHINATIONS, NOUS AVONS RÉUSSI À PRENDRE LE POUVOIR !
NOUS AVONS DÉTRUIT LA KAIBA CORPORATION POUR LA RECONSTRUIRE À NOTRE IDÉE... MAIS UNE RANCUNE TENACE CONTINUAIT À SUBSISTER.
MON PASSÉ NE COMPORTE QUE DE LA HAINE ET DE LA RANCOEUR !!!
JE NE RÊVE PAS COMME TOI D'UN PASSÉ IDÉALISÉ !!

IL N'Y A QUE LE FUTUR QUI M'INTÉRESSE.
LE PASSÉ, JE LE FOULE DE MES PIEDS.
YÛGI !!!
TU ES PRISONNIER DE L'IMAGE DE TON PASSÉ !!
ZDOO
ZDOO ZDOO
ET MOI, JE SUIS LÀ POUR FAIRE LE MÉNAGE !!!!
POUR CELA, JE DOIS RÉCUPÉRER LE TITRE DE ROI DES DUELLISTES !!!
KAÏBA...
MON FRÈRE PENSE QU'EN BATTANT YÛGI, IL EFFACERA TOUTE TRACE DU PASSÉ...?!
KITCHAC
MÊME L'IMAGE SOURIANTE DU GARÇON QU'IL ÉTAIT...

JE VAIS TE BATTRE ET ME HISSER AU SOMMET !!!!
L'HEURE EST ENFIN ARRIVÉE !!!
FUH...
ZDOM
LA RANCUNE... LA HAINE...
CES CHOSES NE T'AIDERONT PAS À ME BATTRE !!!
!
OH...
TU ES SUR LE POINT DE DISPARAITRE ET TU TROUVES ENCORE LA FORCE DE SOURIRE...?
KAIBA, TU FAIS PARTIE DU PEU DE PERSONNES QUE JE CONSIDÈRE COMME ÉTANT DES VÉRITABLES DUELLISTES...
POURTANT... TU ME DÉÇOIS !!!
COMMENT ?
JE VAIS ÊTRE CLAIR.

QUOI ...?
CETTE TOUR EST CONSTRUITE SUR DES RUINES... À L'IMAGE DE TON ÂME...
ACCUMULER DE LA HAINE POUR SE DRESSER AU SOMMET N'EST QU'UNE ILLUSION. TU NE GAGNERAS PAS AINSI !
TU N'Y TROUVERAS QU'UN AUTRE PRÉTEXTE POUR ALIMENTER TA COLÈRE! ET TU CONTINUERAS À ERRER DANS CES MAUVAISES PENSÉES !
JE ME SUIS TOUJOURS BATTU EN CROYANT EN QUELQU'UN !!!!
MES AMIS !!!
CROIRE EN MOI-MÊME !!!
MAIS AUSSI POUR DEVENIR UN VÉRITABLE DUELLISTE !!!!!
FUHM.
JE VAIS TE MONTRER !!!

ZDOM
JE DÉVOILE MES CARTES MASQUÉES !!!!
JE DÉCLENCHE "LA MAGIE DOUBLE" !!!
GROo
GROo GROo
"LA RÉSURRECTION DES MORTS" ME PERMET D'INVOQUER "BUSTER BLADER" !!
LA MAGIE DOUBLE
(carte de magie)
Elle permet d'utiliser les cartes de magie que son adversaire vient de jouer.
"LA MAGIE DOUBLE" !!!
LA FUSION
LA RÉSURRECTION DES MORTS
(carte de magie)
Le sort de magie s'empare de l'âme d'un monstre pour en faire un allié.
OUI ! LES CARTES QUE TU AS UTILISÉES PENDANT CE TOUR... JE PEUX LES UTILISER !!!
"LA RÉSURRECTION DES MORTS" ET "LA FUSION" !!!
JE FAIS FUSIONNER "BUSTER BLADER" ET "BLACK MAGICIAN" !!!!
GROo
GROo
GROo
CE N'EST PAS FINI.

COMMENT ?!
IL VIENT DE FAIRE FUSIONNER "BUSTER BLADER" ET "BLACK MAGICIAN" ?!
LE SUPER-ESCRIMEUR MAGIQUE, "BLACK PALADIN" !!!!!
ZDOM
TU VAS VOIR CE QUE JE VAIS FAIRE DE TES HISTOIRES DE RANCUNE...
JE VAIS LES PULVÉRISER !!!

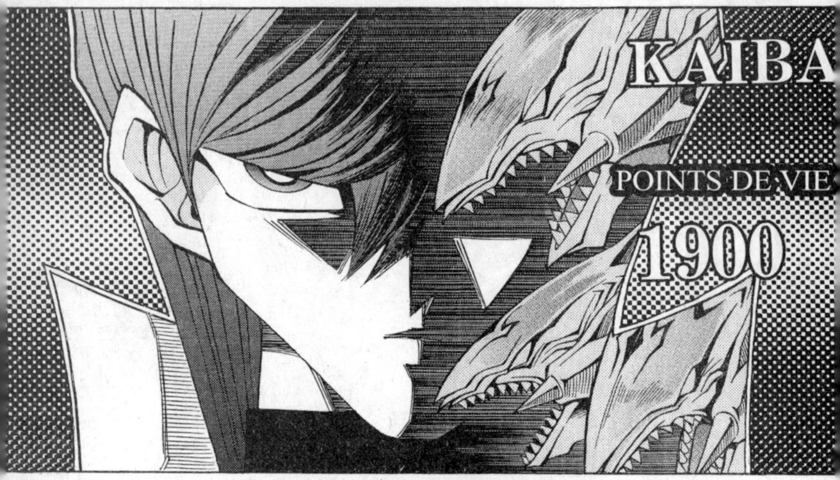

Battle 262
ENSEMBLE !!

ZDOM
LA FUSION DE "BUSTER BLADER" ET "BLACK MAGICIAN" !!!!
UN SUPER-ESCRIMEUR MAGIQUE, "BLACK PALADIN" !!!!

J'AVAIS DEVINÉ QUE TU ALLAIS UTILISER "LA RÉSURRECTION DES MORTS" POUR FAIRE FUSIONNER TES TROIS DRAGONS !!
MAIS GRÂCE AU POUVOIR DE "LA MAGIE DOUBLE", J'AI RÉUSSI À INVOQUER MON MONSTRE LE PLUS PUISSANT !
MAIS MON DRAGON POSSÈDE UNE PUISSANCE D'ATTAQUE DE 4500 POINTS !!
TU ES CERTAIN DE POUVOIR LUTTER CONTRE LUI ?
LE NIVEAU D'ATTAQUE DE "BLACK PALADIN" N'EST QUE DE 2900 POINTS...
MAIS...
... CE MONSTRE POSSÈDE UN POUVOIR SPÉCIAL...
QUOI ?!
UN POUVOIR SPÉCIAL ...?!
OUI...
... IL AUGMENTE LE NIVEAU D'ATTAQUE DE 500 POINTS PAR DRAGON PRÉSENT DANS LA PARTIE !!
DONC...
... LE DRAGON NOIR ET LE TIEN... ÇA FAIT DÉJÀ DEUX.

BLACK PALADIN Attaque 3900
FUHM.
JE VOIS... IL A ATTENDU PATIEMMENT QUE J'INVOQUE MON DRAGON FUSIONNÉ POUR AUGMENTER SON NIVEAU DE PUISSANCE...
MON DRAGON QUI VIENT DE FUSIONNER N'A PAS ENCORE LE DROIT DE PASSER À L'ATTAQUE...
JE TERMINE AINSI MON TOUR...
À MOI MAINTENANT !!!
VLAF
JE TIRE UNE CARTE !!!
J'AI DANS MON CAMP "LE LIVRE DE MAGIE" QUI RESTE MASQUÉ...
UNE CARTE QUI RENFORCE LE POUVOIR DES MAGICIENS UTILISANT LA MAGIE NOIRE...
MAIS SON NIVEAU EST INSUFFISANT POUR LUTTER CONTRE SON DRAGON ULTIME...
JE VAIS MISER SUR CETTE CARTE...

JE TERMINE MON TOUR !!!
À MOI...
VLAF
JE TIRE UNE CAR-TE.
ABSORPTION DE LA MAGIE
(carte piège)
FUH !
VLAF
MOI AUSSI, JE VAIS MASQUIER UNE CARTE.

YÛGI...
UOOOW
... JE VAIS TE RENVOYER DÉFINITIVEMENT DANS LE PASSÉ !
TIENS-TOI PRÊT !!!!
JE DOIS SURMONTER TOUTES CES ÉPREUVES ET M'EMPARER DU TITRE DE ROI DES DUELLISTES.
MON IRRÉSISTIBLE ASCENSION VERS LES SOMMETS !!!!
KAÏBA...
MÊME SI D'AVENTURE TU RÉUSSISSAIS À ME BATTRE ...
... AU BOUT DU CHEMIN, TU RESTERAS TOUJOURS ENCHAÎNÉ À LA HAINE !!
FUHM...
LA RANCUNE ET LA HAINE M'ONT DONNÉ DE LA FORCE.
LA FORCE DE POUVOIR DOMINER !
TU EN SERAS PRISONNIER POUR L'ÉTERNITÉ !!!!
ALORS, VIENS TE MESURER À MOI !!
SI TU ES CAPABLE DE ME BATTRE !!!

GROO GROO
GROO GROO
KAIBA, JE VAIS TE BATTRE !!!!
TOI, MON RIVAL. CELUI AVEC LEQUEL J'AI TRAVERSÉ CE BATTLE CITY.
NOUS L'AVONS FAIT...
ENSEMBLE !!!!
FUH...
ARRÊTE TES GESTICULATIONS, LA VICTOIRE M'APPARTIENT !!!!
ON Y VA !!!
ET MAINTENANT, L'ATTAQUE DE MON DRAGON ULTIME !!!!

MON DRAGON
EST CAPABLE D'EN
SUPPRIMER TROIS
AUTRES, EN UNE
SEULE ATTAQUE !!
L'ULTIMATE
BURST
!!!!
UUU
GROo
GROo GROo
GROo GROo
ULTIMATE
DRAGON
Attaque
4500
URKS!!!

ZUKYUU
UU

GUOOOAU
UPS...
"LE LIVRE DE MAGIE" !!!
BLAM
JE DÉVOILE MA CARTE MASQUÉE !!!
LE LIVRE DE MAGIE (carte de magie)
Elle augmente de 500 points le niveau d'attaque d'un magicien.

INUTILE!!!
JE DÉCLENCHE "L'ABSORPTION DE LA MAGIE" !!!
VLAM
GLOUPS
ZDOM
!!
L'ABSORPTION DE LA MAGIE (carte piège)
Lorsqu'un adversaire augmente son niveau de puissance en utilisant la magie, le joueur lui absorbe ses points d'attaque gagnés.
TU VIENS D'AUGMENTER LA PUISSANCE DE TON MONSTRE EN UTILISANT LA MAGIE... ET C'EST MOI QUI VAIS DÉSORMAIS RÉCUPÉRER LES 500 POINTS D'ATTAQUE !!
GWOOOOAW
SON "ULTIMATE DRAGON" VA RÉCUPÉRER 500 POINTS SUPPLÉMENTAIRES ?!
WAH HA HA HAAA
ULTIMATE DRAGON Attaque 5000

"BLACK PALADIN" ET SON COMPAGNON ...
... "RED EYES BLACK DRAGON" !!!!
JE VAIS LES ÉCLATER !!!!
GWOOOOW
J'AI GAGNÉ !!!
JE N'EN SUIS PAS CER-TAIN...
KAIBA !!!
ACCUMULER DE LA HAINE...
TU VER-RAS...
DOM

VLAF
C'EST FRAGILE !!!!
JE DÉVOILE MA CARTE !!!
Z'DOM
"LA FUSION DÉBLOQUÉE" !!!!
LA FUSION DÉBLOQUÉE
(carte piège et de magie)
Elle débloque la fusion et annule l'attaque portée sur cette carte.
LA FUSION DÉBLO-QUÉE !!!!
LA COMBI-NAISON DE MES DRAGONS VA ÊTRE DÉTRUITE ...!!
GROO GROO
GROO

VLAM
BLUE EYES WHITE DRAGON Attaque 3000
BLUE EYES WHITE DRAGON Attaque 3000
BLUE EYES WHITE DRAGON Attaque 3000
IL Y A DÉSORMAIS QUATRE DRAGONS DANS LA PARTIE.
BLACK PALADIN VA DE NOUVEAU AUGMENTER SA PUISSANCE !!!!
ZDOO ZDOO
ZDOO
COM-MENT ?!
ET POUR FINIR ..!!
BLACK PALADIN Attaque 4900

J'ACTIVE CETTE CARTE DE MAGIE !!!!
LA DIFFUSION DES ONDULATIONS !!
LA DIFFUSION DES ONDULATIONS
(carte de magie)
Elle propage l'attaque d'un magicien sur tous les monstres du camp adverse. Le joueur devra concéder 1000 points de vie.
ZDOO
"LA DIFFUSION DES ONDULATIONS" !!!!
JE DOIS PAYER 1000 POINTS DE VIE POUR L'UTILISER.
MAIS L'ONDE GÉNÉRÉE PAR L'ATTAQUE DE MON MONSTRE SE RÉPERCUTERA SUR TOUS TES MONSTRES !!
MON PALADIN VA PASSER À L'ATTAQUE !!!!
GRO
URKS...
GRO GRO GRO
KAÏBA !!!
GRO
CE COUP VA BALAYER TON UNIVERS MACABRE !!!!
YÛGI Points de vie 500

LA SUPERONDE DE L'ÉPÉE MAGiQUE !!!!!!!
KAAAH

GWAAAAW
WOOOW

URKS...
...
KAIBA, ON NE CONSTRUIT PAS UNE VICTOIRE SUR UN AMAS DE HAINE...
KAIBA
Points de vie
0

GWAAAW...
WOOOW
URKS...
...
KAIBA
Points de vie
0
Battle 263
LE MONSTRE QUI NOUS SÉPARE
KAIBA...
... TU DOIS SURMONTER CETTE DÉFAITE ET VAINCRE TA COLÈRE !!

LE VAINQUEUR EST...
...MÛTÔ YÛGI !!!
Battle 263
LE MONSTRE QUI NOUS SÉPARE

MON BATTLE CITY...
CETTE HAINE QUE JE TIENS DE MON PÈRE ADOPTIF...
MON DÉSIR DE REVANCHE...
ME HISSER VERS LES SOMMETS...
YÛGI, MON OBJECTIF ÉTAIT...
... DE TE BATTRE...
MON...
...TITRE DE ROI...

...
!!
J'AI...
...PERDU.
MON FRÈRE ...!!
CE N'EST PAS POSSIBLE...!!
URH.
MON FRÈRE A PERDU...
URH...
MON...
... JEU LE PLUS PUISSANT.
MES MEILLEURS MONSTRES ...

MA TACTIQUE ÉTAIT PARFAITE...
J'AVAIS RÉUNI MES MEILLEURES CARTES...
ET POURTANT ...
J'AI PERDU.
KAIBA !!!
ENTRE NOUS, IL N'Y A PAS QUE CETTE DÉFAITE QUI NOUS SÉPARE...
... MAIS NOUS AVONS LA MÊME FORCE !!!
GRII
...!
GRR...
JE NE VEUX PAS DE TA COMPASSION !!!!
VLAF
JE TE CONSIDÈRE COMME UN DUELLISTE DE PREMIER ORDRE !
MAIS ÉCOUTE CE QUE J'AI À TE DIRE...

LA RAISON DE TA DÉFAITE...
... SE TROUVE DANS CE MONSTRE QUE TU HÉBERGES EN TOI. CELUI QUI ACCUMULE TOUTE CETTE COLÈRE.
COMMENT ...?
UN MONSTRE DE HAINE EN MOI ...?!
LE COMBAT DU DUELLISTE NE REPOSE PAS SEULEMENT SUR LES JEUX DE CARTES...
LES DÉSIRS QUI SOMMEILLENT EN SON ÂME... LA TRISTESSE... LA COLÈRE... LA RANCUNE...
LES ENNEMIS SE TROUVENT ÉGALEMENT EN SOI !!!
CELUI QUI ARRIVE À LES VAINCRE...
... SE VOIT OUVRIR LA VÉRITABLE VOIE DU DUELLISTE !!!
LE VÉRITABLE DUELLISTE ..!!

C'EST CE QUE REPRÉSENTE CE BATTLE CITY POUR MOI...!!
JÔNO-UCHI AUSSI... IL CONTINUE À LUTTER POUR CETTE CAUSE !!
EN VÉRITABLE DUELLISTE, IL LUTTE POUR RÉCUPÉRER LA CARTE DE SON ÂME !!
EYES BLACK DRAGON
Attaque 24
Défense 2
KAÏBA...
... SI JE N'AVAIS PAS EU SOUS LA MAIN LA CARTE REMISE PAR JÔNO-UCHI... JE N'AURAIS PAS RÉUSSI À TE BATTRE...

UNE CARTE QUI M'A ÉTÉ CONFIÉE PAR UN AMI... LA CARTE DE SON ÂME...
C'EST LA FORCE DE L'AMITIÉ QUI M'A DONNÉ CETTE VICTOIRE.
GROO
GROO
LA FORCE DE L'AMITIÉ ???
RIDICULE!!!
CE TYPE DE VICTOIRE N'A AUCUNE VALEUR POUR MOI !
GROO
JE N'AI PAS BESOIN D'AMI POUR VIVRE MA VIE !
GROO
KAIBA...
GROO
SI TU N'AVAIS PAS ÉTÉ MON RIVAL, JE N'AURAIS PAS RÉUSSI À LUTTER COMME JE L'AI FAIT JUSQU'À PRÉSENT...
TU M'AS DONNÉ ENVIE D'ALLER PLUS LOIN...
JE PENSE QUE C'EST PAREIL POUR TOI...
SINON...

LE RIVAL ...
UN COMPAGNON ...!!
OÙ SE TROUVE CETTE FRONTIÈRE ?
FUHM...!
LES BELLES PHRASES SONT LES PRIVILÈGES DU VAINQUEUR...
JE VAIS TIRER CETTE CARTE !!!
PFHH...
VLAF
GRRR...
COMME LE PRÉVOIT LE RÈGLEMENT ...
PRENDS CETTE CARTE !!!
SHUWAW

WUUU
LE SOLDAT GÉANT DE L'OBÉLISQUE !!
Le joueur devra sacrifier deux corps au dieu. L'adversaire subira des dommages physiques et les monstres adverses seront détruits. Attaque 4000 Défense 4000
ZDOOM
VLASH
LA CARTE DE DIEU ...
L'OBÉLISQUE!!!
KAIBA, MERCI POUR TA CARTE !
FUH.

YÛGI...
TU M'AS BATTU... JE NE TOLÉRERAI PAS QUE TU PERDES EN FINAL. COMPRIS ?!
OUI...
MOKUBA, ON Y VA !
VLAF
OUI !!!
YÛGI... TES DEUX CARTES DIVINES NE SUFFIRONT PAS À BATTRE LA CARTE RÂ DE MARIK...
TU VAS ME MONTRER COMMENT TU VAS TE SORTIR DE CETTE SITUATION PÉRILLEUSE...
KAÏBA...
WOOW

YÛGI !!!
DASH
!!
MES AMIS ...!!
BIEN JOUÉ ! YÛGI, TU AS RÉUSSI !!!
TU AS GAGNÉ !!!!
YÛGI !!!
PSHII

JÔNO-UCHI!!!
HÉ! ★
GRAP
JE T'AI ATTENDU!!!
DÉSOLÉ!!!
BEEP
...
!
JÔNO-UCHI EST VIVANT!
FUHM.
IL EST CORIA-CE...!
...!

ÇA FAIT UN MOMENT QU'ON T'OBSERVAIT...
... MAIS ON NE VOULAIT PAS PERTURBER TON DUEL...
MOI NON PLUS, JE N'AI RIEN VU. J'ÉTAIS TELLEMENT CONCENTRÉ...
KAIBA A ÉTÉ, COMME PRÉVU, UN ADVERSAIRE REDOUTABLE ...
VOUS AVEZ VU ?!
YÛGI A UTILISÉ MA CARTE DU DRAGON JUSQU'À LA FIN DE SON DUEL !! WAH HA HAA !!!
OUI, MAIS POUR LE MOMENT, CETTE CARTE NE T'APPARTIENT PLUS !!
HE !!!
UN JOUR, JE RÉUSSIRAI À LA RÉCUPÉRER.
OUI !!!
ET JE TE REMERCIERAI DE ME L'AVOIR CONFIÉE.
CETTE CARTE ET TOI, VOUS M'AVEZ DONNÉ DE LA FORCE POUR GAGNER !
YÛGI, LA FINALE APPROCHE !
JE SAIS !!!
ZRUU ZRUU

KRUU KRUU ...
C'EST TOI...? YUGI...
MARIK !!!
KRUU KRUU ...
LE JEU DE MASSACRE DES TÉNÈBRES VA COMMENCER.
GWAW HA HAAAA.
GROO GROO
KRUU KRUU ...
GROO GROO

...S... S...!!
LA PUISSANCE DES TÉNÈBRES A PRODIGIEUSEMENT AUGMENTÉ CHEZ MARIK...
SETO...
... TU AS L'AIR DE PENSER QUE YÛGI ET SES DEUX CARTES DE DIEU...
... NE POURRONT PAS VAINCRE MARIK...
...
...
OUI... JE PENSE QUE SES CHANCES SONT TRÈS FAIBLES !
LA CARTE DU DIEU SOLEIL RÂ COMPORTE UNE FORCE CACHÉE.
MAIS TOUT CECI NE ME REGARDE PLUS...
J'AI TERMINÉ MON BATTLE CITY !
JE ME FOUS DE CONNAÎTRE LE VAINQUEUR.
CETTE ÎLE ARTIFICIELLE DISPARAÎTRA DANS MOINS DE DEUX HEURES...
J'AI LAISSÉ UN NAVIRE POUR ÉVACUER CE LIEU...
KRUU KRUU

YUGI A BESOIN DE TA FORCE POUR GAGNER.
FUHM...
COMME SI C'ÉTAIT LE MOMENT DE PARLER DE CE GENRE DE CHOSE...
C'EST ENCORE L'UN DE TES GADGETS MILLÉNAIRES QUI T'A RACONTÉ ÇA ?
MO-KUBA, ON Y VA...
ENCLENCHE LE SYSTÈME D'AUTODES-TRUCTION ! NOUS PARTONS D'ICI.
LA PRIÈRE DES MORTS...
!!

JE PENSE QUE TU SAIS DE QUOI JE PARLE...
SETO...
... LE SENS DU TEXTE INSCRIT DANS LA PIERRE...
...
GROO
GROO
GROO
GROO
GROO
GROO
CETTE PIERRE VIEILLE DE 3000 ANS... DÉCOUVERTE DANS LA TOMBE ROYALE.
...
CETTE PIERRE CONTIENT UN TEXTE ANTIQUE QUI EST UNE PRIÈRE POUR LES MORTS.

CE TEXTE ÉTAIT DESTINÉ AU PHARAON DISPARU...
UN POÈME POUR L'AMITIÉ...
ZRUU
FUH!!!
RIDICULE!!!
ZRUU
ZRUU
CETTE PIERRE EST POURTANT UNE PREUVE DE CETTE AMITIÉ...
ELLE A ÉTÉ LAISSÉE PAR LE PRÊTRE.
ZRUU
CELUI QUI EST REPRÉSENTÉ SUR CETTE PIERRE.
ZRUU
ZRUU

Battle 264 LA CARTE RAJOUTEE

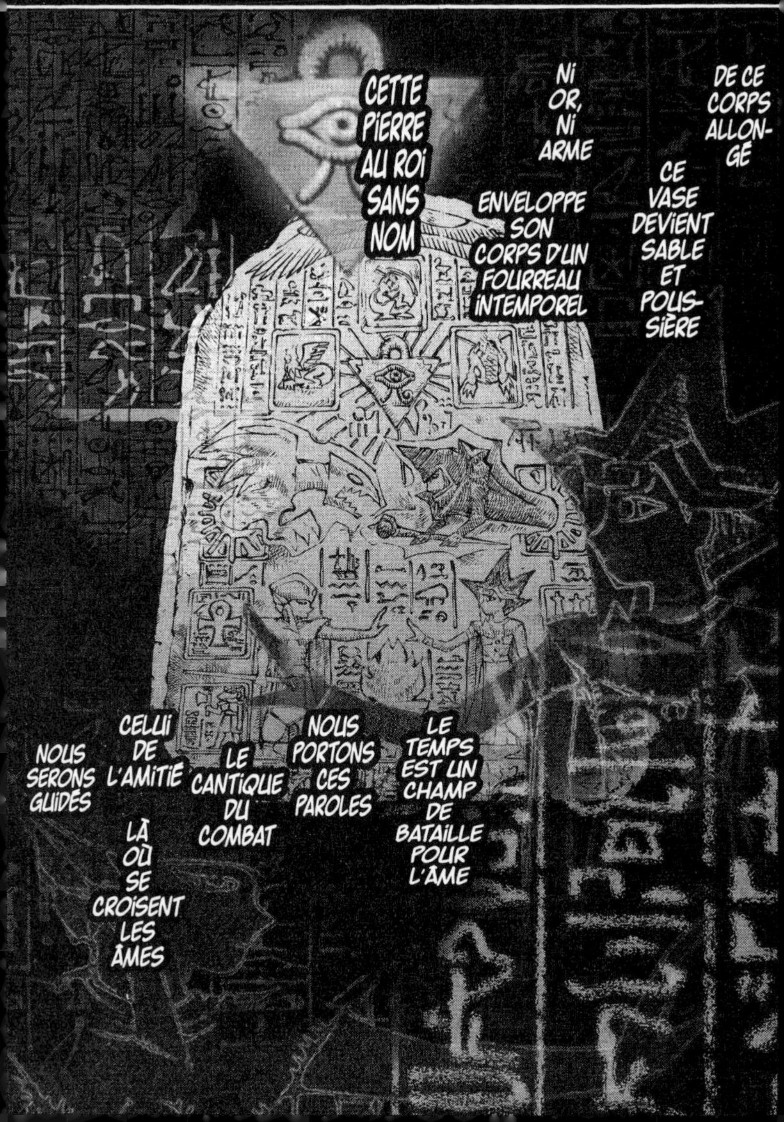

Battle 264
LA CARTE RAJOUTÉE

CETTE PIERRE REPRÉSENTE LE ROI ET LE PRÊTRE.
C'EST CE DERNIER QUI L'A LAISSÉE DANS CE MONDE.
LA PRIÈRE POUR LES MORTS. UN POÈME POUR L'AMITIÉ.
ZRUU
ZRUU
KRUU KRUU ...
QUE CHERCHES-TU À ME DIRE...?
CES VIEILLES RELIQUES DU PASSÉ ET CES PAROLES NE M'INTÉRESSENT PAS...
SETO...
... LA CARTE DU DIEU T'A CONDUIT À ORGANISER LE BATTLE CITY.
TU AS LAISSÉ DANS CETTE DUEL TOWER UN POINT FINAL À CE COMBAT.

CELUI DU COMBAT CONTRE L'ÂME DU PHARAON...
ARRÊTE CES IDIOTIES SUR LE PHARAON !!!
GRRR...
JE NE VEUX PAS EN ENTENDRE PLUS !!!
LA RENCONTRE DES ÂMES.
SETO...
CETTE TOUR QUE TU AS ÉDIFIÉE...
... EST LE LIEU OÙ SE CROISENT LES ÂMES.
KRUU...
C'EST TON ÂME QUI A GUIDÉ SON ÉDIFICATION.
LE SANCTUAIRE DU COMBAT...

DANS CE CAS, CE SANCTUAIRE DISPARAÎTRA DANS LA MER...
FUH~
VLAF
MOKUBA ! TU AS MIS EN ROUTE LE DISPOSITIF D'AUTODES-TRUCTION ?
TOUT DOIT DISPARAÎTRE DANS DEUX HEURES.
...
ALORS ? DÉPÊCHE-TOI !!!!
FRÈRE...
CETTE HAINE ET CETTE RANCUNE QUE NOUS PORTONS EN NOUS...
JE TROUVE QUE YÛGI ET LES AUTRES N'ONT PAS À EN SUBIR LES CONSÉQUENCES !!!!!
!
MOKUBA...!
LA PREMIÈRE FOIS QUE JE LES AI RENCONTRÉS... JE LES AI DÉTESTÉS...
POURTANT, ILS SE SONT BATTUS POUR MOI SUR L'ÎLE DE PEGASUS...
... ILS M'ONT TENDU LA MAIN COMME SI J'ÉTAIS DES LEURS...

MOKUBA, NE T'INQUIÈTE PAS...
JE LEUR LAISSE LE DIRIGEABLE POUR S'ÉCHAPPER...
SNIF...
PROMETS-MOI ! S'IL TE PLAIT !!!
SI TU DÉTRUIS CET ENDROIT, TU ENSEVELIRAS AUSSI LA HAINE QUE TU PORTES EN TOI...!
JE VEUX QUE TU REDEVIENNES CELUI QUE TU ÉTAIS AUTREFOIS...
MOKUBA...
...
MOI...

SUIS-JE CAPABLE D'ABANDONNER CETTE RANCUNE...
MÊME EN FAISANT DISPARAÎTRE CETTE TOUR...
LE COMBAT DE MARIK ET YÛGI VA BIENTÔT COMMENCER...
...!
YÛGI...
ZDOO
ZDOO
ZDOO
ZDOO

DOM
DOM
UN JEU DES TÉNÈBRES TERRIFIANT NOUS ATTEND...
YUGI... JE SUIS TRÈS IMPATIENT...
JE VAIS TE RÉDUIRE EN MORCEAUX ET TE FAIRE GOÛTER AUX JOIES DES TÉNÈBRES...

Z-ryu Z-ryu
KRULL KRULL
MARIK...
OH, QUELLE SURPRISE...
JÔNOUCHI... TU ES ENCORE VIVANT.
TU ES TENACE.
YÛGI...
CE DOUBLE DE MARIK EST PARTICULIÈREMENT DANGEREUX !!!
C'EST UN SALOPARD QUI AIME FAIRE SOUFFRIR SES VICTIMES AVANT DE LES BATTRE EN DUEL !!

CE QU'IL A FAIT À MAÏ...
C'EST MOI QUI N'AI PAS ASSURÉ...
JE N'AI PAS RÉUSSI À LA SAUVER...
MERDE !!!
JÔNO-UCHI...
MAÏ...
BLAM
YÛGI, JE T'EN SUPPLIE !!!!
ÉCRASE CETTE ORDURE ET DÉLIVRE MAÏ !!
OUI !!!

NOTRE OBJECTIF RESTE DE DEVENIR UN VÉRITABLE DUELLISTE...!!
SI NOUS CONTINUONS À SACRIFIER ET À PERDRE DES AMIS... NOTRE PROMESSE SERA PRISONNIÈRE DES TÉNÈBRES.
JÔNO-UCHI A RÉUSSI À RETROUVER LA LUMIÈRE GRÂCE À SON COURAGE !!!!!
MOI AUSSI, JE TROUVERAI UNE ISSUE LUMINEUSE À CE JEU DES TÉNÈBRES !
ZDOO
MARIK ! CE MAUDIT DOUBLE QUI SOMMEILLE EN TOI... JE VAIS LE CHASSER !!!!
ZDOO
ZDOO
KRUU KRUU ...!
EN BATTANT KAIBA... TU POSSÈDES DÉSORMAIS DEUX CARTES DE DIEU...
MAIS QUE LES CHOSES SOIENT CLAIRES...

TU NE POURRAS RIEN FAIRE CONTRE RÂ...
LA MORT EN UN SEUL COUP...
VOILÀ LE PROGRAMME QUI T'ATTEND...
NOUS ALLONS COMMENCER LE DUEL FINAL !
ZDOO
ZDOO
ZDOO
YUGI...
...
LA FINALE...
CE N'EST QU'UNE ÉPREUVE COMME UNE AUTRE !

BLEEP
MAÎTRE KAIBAA !!!
NOUS VENONS D'ACTIONNER LE SYSTÈME D'AUTO-DESTRUCTION !
LA MISE À FEU SERA EFFECTIVE DANS DEUX HEURES !!!!
2:00 00
BIEN ...
BLIP
FRERE !!!
DEUX HEURES SUFFIRONT POUR QU'ILS PUISSENT S'ÉCHAPPER ...
BON... JE VOIS DÉJÀ L'ISSUE DU COMBAT...
MOKUBA, NOUS PARTONS ...!
OUI !!!

TU PENSES QUE YÛGI VA PERDRE...
OUI...
... IL N'A QUE 3 % DE CHANCE DE REMPORTER CE DUEL.
LA MORT EN UN SEUL COUP...
LE POUVOIR DU DIEU SOLEIL RÂ DÉPASSE CELUI DES 2 AUTRES DIEUX...
MAIS IL RESTE UNE POSSIBILITÉ.
MA CARTE MAÎTRESSE.
LA SEULE CARTE CAPABLE DE CONTRER LE POUVOIR SPÉCIAL DE LA CARTE RÂ...
LA CARTE "DEVIL SANCTUARY"...
ZDOO
ZDOO
ZDOO
MAIS...
MÊME SI YÛGI UTILISE CETTE CARTE, ÇA N'AUGMENTERA SES CHANCES QUE DE 20 %...
...

ISIS...
... TU AS PARTICIPÉ AU BATTLE CITY DANS L'UNIQUE OBJECTIF DE DÉLIVRER TON FRÈRE...
TU AS UTILISÉ TES OBJETS MILLÉNAIRES POUR ME TROMPER ET ME BATTRE. EN ESPÉRANT QUE J'ALLAIS BATTRE LE DOUBLE MALÉFIQUE DE MARIK.
LE SEUL ESPOIR QU'IL TE RESTE REPOSE SUR YÛGI ! FUH...
TU AS CERTAINEMENT RAISON.
MAIS JE SUIS PRÊTE À ACCEPTER LA PERTE DE MON FRÈRE.
...!
CETTE FILLE...
SI ELLE NE RÉUSSIT PAS À SAUVER SON FRÈRE...
... ELLE EST PRÊTE À DISPARAÎTRE AVEC CETTE ÎLE...

...
GRR...
COMME MOI, LA DERNIÈRE FOIS...
!
BLAM
!
OÙ VAS-TU COMME CELA ?
JE VAIS AU SOMMET DE LA TOUR.
TRÈS DRÔLE !!!
JE VAIS LUI DONNER LES 20 % DE CHANCE !

GROO
GROO
SETO!!!
FRÈRE!!!
BEEEP
BEEEP
LE SYSTÈME DE DESTRUCTION EST DÉCLENCHÉ.
VEUILLEZ ÉVACUER LES LIEUX.
BEEEP
GRAAASH
GROO
YÛGI DISAIT UNE CHOSE...!
L'AMITIÉ LUI AVAIT DONNÉ LA FORCE DE GAGNER!!!
DANS CE CAS...!
GROO
GROO GROO
CETTE CARTE PEUT LUI DONNER UNE CHANCE INFIME DE GAGNER!!!!!
GROO GROO
YÛGI, JE VAIS TE LA DONNER!!!!!

DONG
YÛGI, SERAS-TU CAPABLE DE FAIRE UN MIRACLE ?
WOOOW
!!

LE MIRACLE N'EXISTE PAS !!
LA FORCE DE L'AMITIÉ NON PLUS !!!!
SHUBAAAAA
YÛGI, PRENDS ÇA !!!!
CETTE CARTE SERA PEUT-ÊTRE LA MARQUE DE TA DÉFAITE !!!!!!
VLAF
DEVIL SANCTUARY (carte de magie)
KAÏBA...!

YUGI !!!
PSHii
VLAF
PRENDS CETTE CARTE !!!!
!!
DEVIL SANCTUARY (carte de magie)
KAÏBA !!!
Battle 265 UNE FINALE AU SOMMET !!
DEVIL SANCTUARY (carte de magie)
DEVIL SANCTUARY ...
ZDOM
À QUOI SERT CETTE CARTE ...?!

LA SEULE CARTE CAPABLE D'ÉVITER "LA MORT EN UN SEUL COUP" DE MARIK...!
POURTANT... TU IGNORES QUE RÂ POSSÈDE UN REDOUTABLE POUVOIR...
POURQUOI M'A-T-IL DONNÉ CETTE CARTE ?
VAS-TU RÉUSSIR À COMPRENDRE COMMENT L'UTILISER ?
KRUU KRUU ...
CE JEU NE TE DONNE QUE 20 % DE CHANCE...
YÛGI... LIBRE À TOI DE PLACER CETTE CARTE DANS TON JEU.
SI CETTE CARTE EST UN PIÈGE QUE JE TE TENDS... TU RISQUES TA VIE.

UN PIÈGE POUR T'APPRENDRE À NE PAS COMPTER SUR LES AUTRES...
KRULI KRULI ...
FUH ...
SHUBAAA
ET...
JE VAIS TE FAIRE CONFIANCE !!!!
.....!!
KAÏBA...

... JE VAIS BATTRE MARIK !!!!
BLAM
Battle 265
UNE FINALE AU SOMMET !!

NUOW!!!
KAIBA A DONNE UNE CARTE À YÛGI...
C'EST LOUCHE... YÛGI, FAIS GAFFE !!!
GRO
GRO
GRO
MON FRÈRE... POURQUOI VIENT-IL AIDER YÛGI ?
ISIS ...
LA PIERRE NE REPRÉSENTE RIEN À MES YEUX. CE N'EST QU'UNE SIMPLE RELIQUE.
LA CIVILISATION EST UNE CHOSE QUI, AU FIL DU TEMPS, SE CONSTRUIT EN SE REPOSANT SUR LES CENDRES DES POPULATIONS DISPARUES...
LES HOMMES QUI VIVAIENT IL Y A 3000 ANS NE PRÉSENTENT AUCUN INTÉRÊT POUR MOI.
TU TE TROMPES...
UNE CIVILISATION PEUT DISPARAÎTRE... MAIS LES ÂMES ET LEURS VOLONTÉS RESTENT ÉTERNELLES.

FUHM!!!
L'ÉTERNITÉ...!
LE MIRACLE...
TOUT ÇA N'A SERVI QU'À CRÉER DES SCIENCES OCCULTES ET DES RELIGIONS...
L'AVANCÉE DE LA TECHNOLOGIE MONTRE QUE LE MIRACLE N'EXISTE PAS.
ISIS.
COMME TU L'AS SOUHAITÉ, JE LUI AI DONNÉ UN COUP DE MAIN.
MAIS CELA, C'EST POUR TE PROUVER QUE LE MIRACLE N'EXISTE PAS.
SI YŪGI PERD ET...
... N'ARRIVE PAS À DÉLIVRER TON FRÈRE.
...
TU VAS PLONGER DANS UN DÉSESPOIR ÉTERNEL... HÉ HÉ...
JE CONTINUE À CROIRE...
J'AI CONFIANCE EN YŪGI...
LA FORCE DE L'AMITIÉ EST CAPABLE DE BATTRE UN DIEU QUI EST MANIPULÉ PAR DES MAUVAIS ESPRITS...
ZROO
ZROO
ZROO

GROO
GROO
GROO
NOUS COMMENÇONS LA DERNIÈRE ÉPREUVE DU BATTLE CITY !!
GROO
GROO
BSAF

KRUL KRUL...
ON DIRAIT QUE KAIBA VIENT T'AIDER AVEC UNE CARTE... MAIS, ÇA NE TE SERVIRA À RIEN...
RIEN NE PEUT CONTRER MA CARTE RÂ.
MARIK...
CE DUEL ME SERVIRA À TUER L'ÊTRE MALÉFIQUE QUI SE TROUVE EN TOI !
KRUU KRUU...
ESSAYE !!!
VOUS ALLEZ MÉLANGER VOS CARTES !!!
YUGI !!!
T'AS INTÉRÊT À GAGNER !!!
SHA
SHA
SHA
SHA
SHA

YÛGI A DEUX CARTES DIEU...
OSIRIS...
MAIS AUSSI L'OBÉLISQUE !!!
ÇA PARAÎT COMPLIQUÉ DE LES EXPLOITER...
IL FAUT SACRIFIER TROIS MONSTRES POUR INVOQUER UNE SEULE CARTE...
MAIS AVEC LE POUVOIR DE LA CARTE "LA RÉSURRECTION DES MORTS", IL POURRA ATTAQUER RÂ PENDANT UN SEUL TOUR...
DANS MON CAS, RÂ A DÉTRUIT TOUS MES MONSTRES EN UN SEUL COUP.
EN PLUS, IL SEMBLE QUE RÂ POSSÈDE UN POUVOIR CACHÉ...
...
....!!
KAIBA PRÉTENDAIT AVOIR COMPRIS DE QUOI IL S'AGISSAIT...
....!
LA CARTE QU'IL A FILÉE À YÛGI.
CE N'EST PAS POSSIBLE !!!
JE NE PEUX PAS CROIRE QU'ELLE PUISSE SERVIR À BATTRE RÂ !

VOILÀ
VLAF
TU AS BIEN MÉLANGÉ LES CARTES ?
TU PEUX PRIER POUR QUE RÂ SE TROUVE DANS LES DERNIÈRES CARTES À TIRER...
FUH...
MARIK...
C'EST LE TAS DE CARTES QUI NOUS DONNERA LA RÉPONSE...
TU N'ÉCHAPPERAS PAS À TA DÉFAITE !!!!
KRUU KRUU...
...

VAS-Y, YÛGI !!!
ZDOO ZDOO
TU NE DOIS PAS FLIPPER POUR RÂ !
TU VAS L'ÉCLATER !!!!
ZDOO ZDOO
TU DOIS DÉLIVRER MAÏ.
JE T'EN PRIE !!
YÛGI...
TU TIENS LE DESTIN DE LA FAMILLE ISHTAR ENTRE TES MAINS.
TU VAS CHASSER LE MAUVAIS ESPRIT QUI SE TROUVE DANS MARIK ET RÉCUPÉRER LA CLÉ DE TA MÉMOIRE DISPARUE.
ZDOO
ZDOO
MUTÔ YÛGI
VS
ISHTAR MARIK !!!
YÛGI.
ZDOO ZDOO

LE DUEL !!!
KAAH

JE DOIS COMMENCER LE PREMIER, MAIS AVANT...
... REGARDE ÇA...
MARIK Points de vie 4000
!
YÛGI Points de vie 4000
GROO
GROO
ENCORE DU BROUILLARD -
OUI, CE TRUC ENTOURE LE TERRAIN DE JEU...
YÛGI... NOUS ALLONS JOUER À UNE FORME ULTIME DES JEUX DES TÉNÈBRES...
NOUS SOMMES SOUS L'EMPRISE DES TÉNÈBRES.
LA PORTE DE L'ENFER S'OUVRE À NOUS...
GROO

ZDOOOOOM
ドオオオ
QU'EST-CE ...?!
LE FESTIN DES SACRIFIÉS...
HAH
JE PENSE QUE TU PEUX LES VOIR...
HAH
HAH
!!
ド
DJANG
DOM
MAÏ!!!
OUI, LE DÎNER DES TÉNÈBRES ...
REGARDE CETTE FILLE SE FAIRE DÉVORER PAR LES TÉNÈBRES.
SA VIE EST EN TRAIN DE DISPARAÎTRE...

MAÏ!!!
WAH HA HAAA
CE N'EST PAS TOUT, J'AI AMENÉ UN AUTRE INVITÉ À NOTRE TABLE...
REGARDE!!!
Z-DOM
!!
MON DOUBLE!!!
MON AUTRE MOI...!!
MAIS...
L'AMI!!!

À MOI MAINTENANT !!!!
J'INVOQUE "LA FOUDROYANTE LARVE VAMPIRE" !!!!!
COMMENT?!
LA FOUDROYANTE LARVE VAMPIRE ★★★★
Lorsqu'elle s'attaque à un joueur, celui-ci devra jeter une carte et terminer son tour en se mettant en position de défense.
Attaque 500
Défense 1200
GROO GROO
ELLE PASSE À L'ATTAQUE !!!
ZDOO
ZDOO ZDOO
ZBAAA
GROO
GWAAAAW!!!
URKS...
YÛGI
Points de vie
3500

L'ATTAQUE DU MONSTRE FAIT SOUFFRIR LE JOUEUR...
ET EN PLUS...
!!
GROO
GROO GROO GROO
LES POINTS DE VIE DISPARUS SERVENT AUX TÉNÈBRES À DÉVORER CELUI QUI EST OFFERT EN SACRIFICE !!
!!
URKS !!
GWAAAAW
SHUUU
UWAAAAW
L'AMI !!!
REGARDE... C'EST LUI QUI SE SERA SACRIFIÉ POUR MOI...

Z-DOM
L'AUTRE MARIK !!!!
LORSQUE LE JOUEUR PERD TOUS LES POINTS DE VIE, LE SACRIFIÉ SERA ENTIÈREMENT DÉVORÉ.
IL PARTIRA DANS LES TÉNÈBRES EN SUBISSANT D'IMMENSES SOUFFRANCES ...
LA VICTOIRE OU LA DÉFAITE...
... SE TROUVE À LA FRONTIÈRE DE LA JOIE ET DE LA SOUFFRANCE ...

ZRUU
ZRUU
ZRUU
MARIK...
Si je réussis à le battre !! C'est le véritable Marik qui sera sacrifié...
ZDONG
GRR...
L'AMI !!!
LE DUEL ...!!
ZRUU
JE VAIS BIEN...
ZRUU
TRÈS BIEN...
GLOUPS
JE VEUX T'ENTENDRE SOUFFRIR...
ALLEZ !!!
UNE DOULEUR QUI PARCOURT LE CORPS ENTIER.
TU VAS VOIR !!!
L'AMI, JE TE SORTIRAI DE LÀ !!

Battle 266 UN PIÈGE RAPIDE!!

ZDOM
C'EST L'AUTRE MARIK QUI LUI SERT DE SACRIFIÉ !!!!
YUGI...
... NOUS AVONS ÉTÉ DÉSIGNÉS PAR LES OBJETS MILLÉNAIRES ...
LE PERDANT DEVRA DISPARAÎTRE, C'EST LA RÈGLE.
VOILÀ...
MAIS SI MON SACRIFIÉ DISPARAÎT, JE SERAI TOUJOURS LÀ... KRUU KRUUU...
SI TON DOUBLE PART DANS LES TÉNÈBRES, VOUS ALLEZ MOURIR TOUS LES DEUX...
ZR.OO
ZR.OO
MON AUTRE MOI ...!!
!!

Si au bout de ce combat, tu trouves ce qui est important pour toi...
Je lutterai à tes côtés !!!!
BLAM
L'ami !!!
Il faut se débarrasser du double maléfique de Marik.
Et tu dois récupérer la lumière de la victoire !!
Mon double...
Je suis l'élu de l'objet millénaire.
Je suis ici pour te prêter ma force...
Je tiens à te remercier... et...

... TU PEUX CROIRE EN MOI !!!!
JE VAIS BATTRE MARIK !!!!
ZDOM
Battle 266
UN PIÈGE RAPIDE !!

GROo
GROo
GROo
GROo
GROo
GROo
D'ICI, ON NE VOIT QU'UN SIMPLE DUEL ENTRE YÛGI ET MARIK...
QUEL EST CE NOUVEAU JEU DES TÉNÈBRES ?!
YÛGI... NE PRENDS PAS TROP DE RISQUES AVEC CE JEU...
JE T'EN SUPPLIE, NE PERDS PAS...!
MERDE !!!
YÛGI...
TU VERRAS QU'IL EST DANGEREUX DE COMPTER SUR LES AUTRES POUR S'ATTACHER UNE INFIME CHANCE DE GAGNER.
SI TU PERDS, CELA TE SERVIRA DE LEÇON.

GROo
GROo
SI LE DOUBLE MALÉFIQUE DE MARIK GAGNE...
... LE CIEL SE COUVRIRA DE CET ÉPAIS BROUILLARD DES TÉNÈBRES. LE MONDE ENTIER SERA ALORS SOUS L'EMPRISE DES FORCES DU MAL...
KRUU KRUU ...
ZRUU ZRUU
LE DERNIER DUEL DU BATTLE CITY ...
TOUS NOS ESPOIRS REPOSENT SUR YÛGI...
YÛGI, JE T'EN SUPPLIE...
DÉLIVRE MARIK.

GROo
GROo
GROo
GROo
JE N'AI PAS ENCORE TERMINÉ MON TOUR...
LA CARTE QUE JE VIENS DE JOUER ET QUI VIENT DE TE FAIRE PERDRE 500 POINTS DE VIE... ELLE POSSÈDE UN AUTRE POUVOIR.
LA FOUDROYANTE LARVE VAMPIRE ★★★★
Lorsqu'elle s'attaque à un joueur, celui-ci devra jeter une carte et terminer son tour en se mettant en position de défense.
Attaque 500
Défense 1200
!!
ELLE PASSE DE L'ATTAQUE À LA POSITION DE DÉFENSE ?!
ELLE ME PERMET DE JETER UNE CARTE ET DE PLACER LA LARVE EN POSITION DE DÉFENSE AVANT DE TERMINER MON TOUR...
BIEN...
QUELLE CARTE VAIS-JE JETER ?
CELLE-LÀ...?

ZDOM
KRUU KRUU... IL VA COMPRENDRE COMBIEN IL EST EFFRAYANT DE PLACER RÂ DANS LE CIMETIÈRE DES CARTES !...
LE DRAGO
DU DIEU
Attaque ???
Défense ???
Attaque 1700
nse 1300
GROo
GROo
SI JE RÉCUPÈRE CETTE FAMEUSE CARTE...
GROo
Attaque ???
Défense ???
GROo
TU VAS PERDRE EN UN SEUL COUP...
YUGI...

QUELLE CARTE A-T-IL RANGÉE DANS LE CIMETIÈRE ...?
ZROO
ZROO
NON ...!!
LA LARVE EST EN POSITION DE DÉFENSE.
JE MASQUE UNE CARTE...
VLAF
ET JE TERMINE MON TOUR...
MARIK... IL EST RUSÉ...
S'IL VIENT D'UTILISER LE POUVOIR DE LA LARVE POUR PLACER LA CARTE RÂ DANS LE CIMETIÈRE...
ZROO
À L'AIDE DE "LA RÉSURRECTION DES MORTS", IL PEUT FAIRE UN COMBO QUI TUERA YUGI EN UN SEUL COUP !!
ZROO
ZROO

À MOI !!!
VLAF
JE TIRE UNE CARTE.
EXCHANGE (carte de magie)
LA CARTE "EXCHANGE"...
MAIS S'IL A DÉJÀ PLACÉ RÂ DANS LE CIMETIÈRE...
C'EST TROP TARD !!!
BIEN...
VLAF
J'INVOQUE CE MONSTRE !!!!!

ZDOO
QUEEN KNIGHT !!!
KING, QUEEN ET JACK... L'UN DES CHEVALIERS CAPABLES D'ÊTRE INVOQUÉS RAPIDEMENT...
QUEEN KNIGHT ★★★★
Attaque 1500
Défense 1600
ZDOO
IL S'EN SERT PEUT-ÊTRE D'ÉCRAN POUR INVOQUER DIEU. MAIS IL EST TROP TARD...
ZDOO ZDOO ZDOO ZDOO
J'ATTAQUE "LA FOUDROYANTE LARVE VAMPIRE" !!!!
QUEEN SAVOR CRASH !!!
ZBAAA

FUH...
MA LARVE VAMPIRE EST UN MONSTRE DÉFENSIF.
LA LARVE EST EN POSITION DE DÉFENSE... DOMMAGE.
BLAM
SHUUU
CE N'EST PAS FINI.
JE MASQUE DEUX CARTES...
...ET JE TERMINE MON TOUR !!!!
À MOI...
ZIROO
JE TIRE UNE CARTE ...
ZIROO
ZIROO

J'ESPÈRE QU'IL NE VA PAS TIRER "LA RÉSURRECTION DES MORTS" !!!!
LA DERNIÈRE FOIS, IL M'A BATTU EN INVOQUANT RÂ À PARTIR DU CIMETIÈRE DES CARTES...
VLAF
KRUU KRUU ...
J'AI TIRÉ UNE BONNE CARTE...
GLOUPS
AVANT DE L'UTILISER...
... JE VAIS EN PROFITER POUR INVOQUER UN MONSTRE.

J'INVOQUE "JURAGEDO" !!!!
ZDOO
JURAGEDO ★★★★
Attaque 1700
Défense 1300
JURAGEDO, TU VAS ATTAQUER QUEEN KNIGHT !!!
ZDOO
ZDOO
ZDOO
ZDOO
ZDOO
ZBAAAA
QUEEN KNIGHT EST DÉTRUIT !!!
URKS !!
YÛGI
points de vie
3300

URG...
L'AMI !!!
WOOW
URKS... NE T'INQUIÈTE PAS POUR MOI !!
NE T'OCCUPE PAS DE MOI ET...
... FAIS ATTENTION, MARIK VA UTILISER UN SORT MAGIQUE !!!!
!!
YÛGI...
CETTE CARTE VA TE FAIRE PERDRE...
CARTE DE MAGIE "LA COMPENSATION DU BRAS GAUCHE" !!!
LA COMPENSATION DU BRAS GAUCHE (carte de magie)
Le joueur doit poser toutes ses cartes dans le cimetière. Il pourra ensuite choisir une carte de magie de son choix.
ZDONG
OUI, ELLE ME DONNE LE DROIT DE CHOISIR UNE CARTE DE MAGIE PLACÉE DANS LE CIMETIÈRE...
BIEN ENTENDU, JE VAIS PRENDRE LA CARTE...
LA COMPENSATION DU BRAS GAUCHE ?!
JE DOIS PERDRE LES CARTES QUE J'AI EN MAIN...
... DE "LA RÉSURRECTION DES MORTS" ...!

FUH !!
JE DÉVOILE MA CARTE MASQUÉE !!!!
Z-DOM
EXCHANGE !!!
ET VOILÀ !!!
EXCHANGE (carte de magie)
Chaque joueur choisit une carte parmi celles que possède son adversaire et l'échange contre l'une des siennes.
!!
TCHH !!
TU PEUX PRENDRE L'UNE DE MES CARTES !!!
JE RÉCUPÈRE "LA RÉSURRECTION DES MORTS" !!!!
KRIBOW
BLAM

ZDOO
BIEN JOUÉ !!!
SACRÉ YÛGI !!!
IL LUI A PIQUÉ "LA RÉSUR-RECTION DES MORTS" !!!!
BIEN !!!
JE SUIS ÉTONNÉ DE VOIR MARIK PERDRE AUSSI FACILEMENT SA CARTE...
...
ZDOO
MON TOUR EST TERMINÉ...
JE TE LAISSE SAVOURER LE PLAISIR DE M'AVOIR DÉROBÉ UNE CARTE...
GROO
GROO
MAIS IL ME RESTE UNE CARTE MASQUÉE...
GROO
GROO
GROO
"L'EXCHANGE" NE SERT À RIEN... YÛGIIII... KRUU KRUU...
À MOI !!!
VLAF
JE TIRE UNE CARTE.
FUH...

ZDOO
J'INVOQUE KING KNIGHT !!!!
ZDOO ZDOO
ZDOO
CE N'EST PAS TOUT.
JE DÉCLENCHE "LA RÉSURRECTION DES MORTS" !!!!
LA RÉSURRECTION DES MORTS (carte de magie)
KING KNIGHT
Lorsque King Knight et Queen Knight se trouvent dans le jeu, l'on peut invoquer Jack.
Attaque 1600
Défense 1400
JE VOIS ...
BLAM
"QUEEN KNIGHT" EST RESSUSCITÉ !!!!
LORSQUE LE ROI ET LA REINE SE TROUVENT DANS LE JEU...
... JE PEUX SORTIR CETTE AUTRE CARTE DU TAS !!!

JACK KNIGHT !!!!
ZDOM
J'INVOQUE LES TROIS CHEVALIERS !!!!
MARIK...
JE VAIS PEUT-ÊTRE UTILISER UNE CARTE DIEU AVANT TOI !
MONTRE-MOI !
WAH HA HAAA !!!!

KING!!!
QUEEN!!!
JACK!!!
KING KNIGHT
Défense 1400
Attaque 1600
JACK KNIGHT
Attaque 1800
Défense 1200
Attaque 1500
Défense 1600
ZDOO
ZDOO
J'INVOQUE LES TROIS CHEVALIERS !!!
IL NE ME RESTE PLUS QU'À TIRER LA CARTE DIEU...
ZDOO
Battle 267
L'AFFRONTEMENT !! OSIRIS VS RA !!
AH OUI...
TU AS UTILISÉ "LA RÉSURRECTION DES MORTS" POUR INVOQUER 3 MONSTRES À SACRIFIER...
ZDOO ZDOO
JE NE FERAI QU'UNE BOUCHÉE DE CET INFÂME MARIK !!

Battle 267
L'AFFRONTEMENT !!
OSIRIS VS RA !!

JURAGEDO
Attaque 1700
Défense 1300
KING KNIGHT
Attaque 1600
Défense 1400
QUEEN KNIGHT
Attaque 1500
Défense 1600
JACK KNIGHT
Attaque 1800
Défense 1200
MARIK
Points de vie
4000
YÛGI
Points de vie
3300
BIEN ! YÛGI VIENT DE PRENDRE UNE LONGUEUR D'AVANCE !!!
MARIK N'A PLUS DE QUOI INVOQUER SA CARTE DE DIEU !!!!
YÛGI PREND L'AVANTAGE !!!
ZDOO
ZDOO
ZDOO
MARIK A LAISSÉ UNE CARTE MASQUÉE DANS SON JEU...
IL FAUT S'EN MÉFIER !!!

FUH...
YÛGI... JE SAIS QUE TU N'AS PAS LA CARTE DIEU DANS TA MAIN...
TU AS DÉVOILÉ TON JEU PENDANT L'ÉCHANGE...
MARIK N'A QU'UNE CARTE POUR BRISER LA FUSION !
C'EST LE MOMENT DE PASSER À L'OFFENSIVE...
POURTANT...
KRUU KRUU...
IL N'A PAS L'AIR STRESSÉ...
MÊME AVEC LES CARTES RÂ ET "LA RÉSURRECTION DES MORTS" DANS LE CIMETIÈRE.
YÛGI, NE PRENDS PAS PEUR...
ALLEZ, VIENS M'ATTAQUER...
GWAW HA HAAAA...
AU MOMENT OÙ TU VAS PASSER À L'ATTAQUE...
TU SERAS SACRIFIÉ POUR DIEU...!!

ZROOO
ZROOO
URKS... SA CARTE MASQUÉE ...
ZROOO
ÇA NE PEUT ÊTRE QU'UN PIÈGE REDOUTABLE ...!!
MON TOUR EST TERMINÉ.
KRULU KRULU ...
TA PRUDENCE VIENT DE TE SAUVER LA VIE PENDANT CE TOUR...
JE NE COMPRENDS PAS ! S'IL L'AVAIT ATTAQUÉ, MARIK AURAIT PERDU PAS MAL DE POINTS !
YÛGI S'EST LAISSÉ GUIDER PAR SON INSTINCT DE DUELLISTE...
JE LE COMPRENDS !!!
VUE D'ICI, LA SITUATION SEMBLE FAVORABLE...
POURTANT, CETTE GANGUE DE BROUILLARD MACABRE POURRAIT BIEN CACHER LA FORCE DE MARIK...

À MON TOUR...
ISIS...
ON DIRAIT QUE MARIK POSSÈDE DANS SON JEU UNE CARTE CAPABLE DE RESSUSCITER UN MONSTRE DANS LE CIMETIÈRE DE SON ADVERSAIRE...
...!
OUI...
C'EST LE PIÈGE TENDU PAR MARIK...
JE M'EN DOUTAIS...
DANS CE MODE EXPERT, ON N'AUTORISE QU'UNE SEULE CARTE "LA RÉSURRECTION DES MORTS"...
MAIS SI L'ON POSSÈDE CETTE FAMEUSE CARTE PUISSANTE...
... L'ON PEUT RÉCUPÉRER PLUSIEURS FOIS DU CIMETIÈRE "LA RÉSURRECTION DES MORTS" !!
JE TIRE UNE CARTE.

ZRoo
ZRoo
MAINTENANT...
... TU N'AS PAS DE CARTE DE DIEU DANS TES MAINS.
COMME C'EST PITOYABLE DE TE VOIR ESPÉRER TIRER TA CARTE DE DIEU À CHAQUE TOUR...
ÉCOUTE !!!
MAIS SI D'AVENTURE, TU RÉUSSIS À SORTIR OSIRIS...
SI TU N'AS PLUS DE CARTES EN MAIN... SON NIVEAU D'ATTAQUE SERA INSUFFI-SANT.
J'AI UN CADEAU POUR TOI.
!!
JE DÉCLENCHE UN SORT MAGIQUE !!!!
DOM
LES CADEAUX TOMBÉS DU CIEL (carte de magie)
Les joueurs tirent des cartes jusqu'à ce qu'il n'en reste que 6 à chacun.
KRUU KRUU KRUU
ALLEZ... PROFITES-EN POUR COMPLÉTER TON JEU !!!
AVEC UN PEU DE CHANCE, TU VAS TIRER UNE CARTE DIVINE !!

FUH ...
MARIK, TU RISQUES DE LE REGRETTER !!!
FUHM.
ZDOM
VLAF
JE PLACE UN MONSTRE EN POSITION DE DÉFENSE.
ET JE RAJOUTE UNE CARTE MASQUÉE...
MON TOUR EST TERMINÉ...

À MOI MAINTE-NANT !!!
JE TIRE UNE CARTE !!!
J'EN AI DÉSORMAIS SEPT EN MAIN !!
SI J'INVOQUE OSIRIS, ÇA LUI DONNERA UNE PUISSANCE D'ATTAQUE DE 6000 POINTS !!!!!
GWOOW
IL ARRI-VE.
JE SACRIFIE LES TROIS CHEVALIERS.
VLAF
LE DRAGON VOLANT D'OSIRIS

J'INVOQUE "LE DRAGON VOLANT D'OSIRIS" !!!!
GROO GROO
ゴゴゴ
GROO

ZDOOOOOOO

ZDOO
ZDOO
ZDOO
LE VOILÀ ENFIN...
OSIRIS!!
LE DRAGON VOLANT D'OSIRIS
Attaque 6000
Défense 6000
ZDOO
AH ENFIN !!!!
ZDOO
LA CARTE DIVINE DE YÛGI "LE DRAGON VOLANT D'OSIRIS" !!!
ZDOO
SON ATTAQUE EST DE 6000 POINTS !!!
ZDOO
DÉMENT !!!
AVEC ÇA, MARIK EST FOUTU !!!
YÛGI A GAGNÉ !!!!
ZDOO
ZDOO

ゴ GROO
GROO
YÛGI...
ゴ
GROO
ゴ
ON Y VA !!!
GROO
ゴ
ゴ
ゴ
ゴ
L'ATTAQUE D'OSIRIS.
ゴ
GROO
GROO
ゴ
GROO
GROO
ゴ

THUNDER FORCE !!!!!!!!!
GROOOO
!
KRUUU KRUUU ...

JE DÉCLENCHE LA CARTE PIÈGE !!
ZDOM
LE RÉVEIL DES DÉMONS !!!
LE RÉVEIL DES DÉMONS
(carte piège)
Quand le joueur adverse passe à l'attaque, le joueur peut utiliser les cartes de magie qui se trouvent dans le cimetière adverse. À la fin du tour, la carte regagne son cimetière d'origine.
JE VAIS T'APPRENDRE...
... CE DONT RÂ EST CAPABLE...
"LE RÉVEIL DES DÉMONS" ...!!
UN PIÈGE !!

ZDOM
CE SORT ME PERMET D'UTILISER L'UNE DE TES CARTES DE MAGIE QUI SE TROUVENT DANS TON CIMETIÈRE DES CARTES...
"LA RÉSURRECTION DES MORTS" !!!
LA RÉSURRECTION DES MORTS (carte de magie)
Le sort de magie s'empare de l'âme d'un monstre pour en faire un allié.
LE DRAGON AILÉ DU DIEU SOLEIL RÂ
!!
!!
Ô RÂ, TOI QUI SOMMEILLES EN CES TERRES ! REVIENS À LA VIE ET DEVIENS UN OISEAU IMMORTEL !!!
GRO GRO GRO GRO GRO GRO GRO GRO GRO

GWAW HA HAAA !!!
GWOOOW
MARIK A INVOQUÉ RÂ... IL LE FAIT APPARAÎTRE SOUS LA FORME D'UN OISEAU IMMORTEL !!
LA COLONNE DE FLAMMES CRACHÉES PAR OSIRIS SE FAIT ABSORBER PAR RÂ !!!
KYUWOOOOW

DIEU DEVIENT IMMORTEL PENDANT CE TOUR !!
GRO
GRO
GRO
GWAW HA HAAA !!!
AUCUNE ATTAQUE NE LUI FERA DE L'EFFET !!!
GLOUP
!!
UN OISEAU IMMORTEL...
C'EST CELUI QUI M'A FAIT PERDRE L'AUTRE FOIS...
YUGI !!!
OSIRIS ET TOI, ALLEZ ÊTRE RÉDUITS EN CENDRES !!!

GWOOW

Ô RÂ, TOI QUI SOMMEILLES EN CES TERRES !!!
GWOOOOAW
REVIENS À LA VIE ET DEVIENS UN OISEAU IMMORTEL !!!
Battle 268
L'IMMORTEL RÂ !!
L'IMMORTEL !!!

Battle 268 L'IMMORTEL RÂ !!

ZGROOOO
ズゴ
OSIRIS

ZDOO ZDOO ZDOO
GWAA HA HAA HAA !!!
L'ATTAQUE D'OSIRIS ET SES 6000 POINTS... N'ONT EU AUCUN EFFET SUR RÂ...
C'EST DONC ÇA... LA FORCE CACHÉE DE RÂ...!!
OUI.
PENDANT CE TOUR, RÂ SERA IMMORTEL...
C'EST LA FORME LA PLUS ABOUTIE DU DIEU SOLEIL RÂ !
LE MONSTRE QUI A FAIT PERDRE JÔNOUCHI !!!
ON L'APPELLE ÉGALEMENT "GOD PHÉNIX", L'IMMORTEL OISEAU...
MARIK SACRIFIE 1000 POINTS DE VIE POUR DÉTRUIRE TOUS LES MONSTRES PRÉSENTS...
... MÊME S'ILS ONT UN NIVEAU D'ATTAQUE ÉLEVÉ.

MÊME OSIRIS NE PEUT PAS RÉSISTER !!!
ATTENDS !!!
ON NE SAIT PAS ENCORE...
ON N'EN CONNAÎT PAS LA PUISSANCE EXACTE...
CE QUI M'INQUIÈTE...
... C'EST L'ATTAQUE DE RÂ. CELLE QUI BRÛLE L'ÂME DE SON ADVERSAIRE !!!
YUGI...
TU DOIS TENIR BON...
MARIK.
TU N'AS PAS ENCORE REÇU TOUTE L'ATTAQUE D'OSIRIS !!!
ZDOOO ZDOOO
ZDOOO ZDOOO
L'INVOCATION DE RÂ...
... DÉCLENCHE UN POUVOIR SPÉCIAL D'OSIRIS.

* BALLES FOUDROYANTES.

KAAH
ZGRAAA
KRULI KRULI
...
!!

Gyun
Gyun
LES SHORAIDANS NE LUI FONT RIEN...!!
TU PENSES QU'UNE FLÈCHE ET DES FLAMMES PEUVENT TRANSPERCER UNE ARMURE DE FLAMMES ?
GWAW HA HAA !!!
URKS...!
BON...
ET MAIN-TENANT, MA CONTRE-ATTA-QUE...
GROo GROo
GROo
GROo
IL VA LE FAIRE !!!
LE TROISIÈME POUVOIR INSCRIT DANS LE TEXTE ANTIQUE...

L'ESPACE D'UN INSTANT, DIEU DEVIENT UN OISEAU IMMORTEL. IL CHOISIRA SON DÉMON PARMI CEUX QUI SOMMEILLENT SUR TERRE.
MÊME UN AUTRE DIEU NE PEUT RIEN FAIRE CONTRE LUI.
BON.
JE VIENS DE PERDRE 1000 POINTS DE VIE EN INVOQUANT L'OISEAU...
EN FAIT, C'EST L'AUTRE QUI EN PAIE LE PRIX.
SHUUU
シュウウ
MARIK
Points de vie
3000
MAIS CE TOUR DEVRAIT ÊTRE DÉCISIF ...
TOI ET OSIRIS, VOUS ALLEZ DISPARAITRE DANS LES FLAMMES.

RÉDUIS OSIRIS EN CENDRES !!!!
GUBOOAW
GOD PHÉNIX !!!!!!!

ZGROOOOW
GWARPS!!

GWOOOW
GWAAAW
ZGROOOW
YUGI.

OSIRIS EST DETRUIT !!!
ゴオ
GUOOO
WAH HA HAA !!!!
GWAAW

YÛGI !!!
YÛGI, RÉSISTE !!!
URK...
URH...
FINALEMENT...
...JE N'AI PAS FINI...
JE VEUX CONTINUER À VOUS VOIR SOUFFRIR...
L'AMI !!!
L'AMI, TU DOIS TENIR BON !!!
BWOW !!!
MOI ? ÇA IRA...
MAIS, NOUS VENONS DE PERDRE UNE CARTE DE DIEU...
IL NOUS EN RESTE UNE DERNIÈRE...
RÂ, TU PEUX RETOURNER DANS LE CIMETIÈRE.

WOOOW
ET QUAND TU AURAS TERMINÉ TON TOUR...
COMME CONVENU, ON VA OBÉIR À LA CARTE PIÈGE "LE RÉVEIL DES DÉMONS"...
... ET L'ON VA REPOSER "LA RÉSURRECTION DES MORTS" DANS TON CIMETIÈRE DES CARTES.
...
LE RÉVEIL DES DÉMONS
(carte piège)
Quand le joueur adverse passe à l'attaque, le joueur peut utiliser les cartes de magie qui se trouvent dans le cimetière adverse. À la fin du tour, la carte regagne son cimetière d'origine.
HYON
MAIS À CET INSTANT...
!!

JE DÉCLENCHE UN AUTRE PIÈGE !!!!!
LE TRÉSOR DES ZOMBIES !!!
CE PIÈGE VA PERMETTRE À NOUVEAU DE RÉCUPÉRER "LA RÉSURRECTION DES MORTS" !!!!
ZDOM
LE TRÉSOR DES ZOMBIES
(carte piège)
Elle se déclenche lorsqu'une carte de magie rejoint le cimetière du camp adverse. Le joueur peut l'utiliser, tandis que la victime devra tirer une nouvelle carte.
ZDOO ZDOO
!!
ENCORE "LA RÉSURRECTION DES MORTS" !!!!
ZDOO
AU TOUR SUIVANT... KRUU KRUU...
RÂ REVEILLERA À NOUVEAU SON POUVOIR.

EN FAIT, TU VAS SUBIR "LA MORT EN UN SEUL COUP".
YÛGI N'A PLUS DE MONSTRE DANS SON CAMP.
SI RÂ REVIENT... IL NE POURRA PAS SURVIVRE.
GRR...
LA CARTE DIT QUE TU PEUX EN TIRER UNE NOUVELLE...
... ELLE TE PERMETTRA PEUT-ÊTRE DE RESTER EN VIE.
...

L'IMMORTEL RÂ !! FIN

Le tome 31 paraîtra en octobre 2004

La galerie des lecteurs

Anne BOLLINGER
17 ans - Sundhoffen

Elsa "Kaï" BRASQUIÉ
15 ans - Limoges

Courrier

question subtile

Bonjour à toute l'équipe de Kana,

Je me présente : je m'appelle Jérôme, j'ai 12 ans et j'habite dans le Loiret. J'adore Yû-Gi-Oh, les dessins, les histoires, les répliques, etc. J'ai quelques questions :

1) Pourriez-vous me donner quelques noms de dessinateurs de "Yû-Gi-Oh" ?

2) Quel âge ont Yûgi, Jono-Uchi, et Kaiba ?

3) Pourriez-vous m'envoyer un dessin de "Yû-Gi-Oh" ?

Encore bravo et merci ! ! !

Jérôme — 12 ans

Cher Jérôme,

Comme tu peux le lire sur la couverture de tous les volumes de "Yû-Gi-Oh", le dessinateur du manga est seul et unique. Il s'agit de Kazuki Takahashi. Mais peut-être avons-nous mal compris ta question ?

À priori, il est difficile de déterminer l'âge exact des protagonistes de l'histoire mais étant donné qu'ils sont au lycée, ils doivent avoir entre 15 et 17 ans.

Enfin, nous sommes vraiment désolés de te dire que nous ne pouvons pas t'envoyer de dessins de "Yû-Gi-Oh". La première raison, c'est que nous n'en avons pas à donner. La deuxième, c'est que même si nous en avions, il nous en faudrait des quantités astronomiques puisque tout le monde nous en réclame.

date des tournois

Bonjour !

J'essaierai d'être le plus bref possible car vous devez sûrement avoir pas mal de dessins ou de lettres à trier.

Tout d'abord, le manga "Yû-Gi-Oh" est vraiment super ! Dès que je vais à la Fnac, je fais toujours un détour au rayon BD pour en feuilleter 1 ou 2 ! Et quand j'ai le temps, je m'assois pour en lire.

J'ai une question : pourriez-vous nous donner des dates de tournois de cartes "Yû-Gi-Oh" dans quelques grandes villes ?

Merci d'avance et merci d'avoir prêté attention à ma lettre !

Arthur I. — 14 ans — Strasbourg (67)

Courrier

Cher Arthur,

À notre connaissance, il n'y a pas encore de tournois suffisamment réguliers et bien organisés pour que l'on puisse en donner des dates sans risquer de se tromper. Néanmoins, ils existent bel et bien, organisés le plus souvent par des amateurs, à titre privé. Si tu es à la recherche de ce genre d'informations, le mieux est d'utiliser Internet : dans les pages bonus, il y a un trop grand décalage entre le moment où nous rédigeons ces pages et celui où elles sont publiées. Les informations récentes que nous pourrions donner ne seraient certainement plus valables lorsque vous les liriez. Peut-être l'ignores-tu mais sur le site www.mangakana.com, il y a un forum exclusif réservé aux fans de "Yû-Gi-Oh". Des autres fans pourront peut-être te renseigner. Visite également les sites Yu-Gi-Oh ! en liens. Nul doute que tu pourras y trouver tout ce que tu cherches.

Kana en tournée

Bonjour !

Je trouve vos mangas super, même si c'est bien dommage de devoir attendre plusieurs mois avant la sortie du volume suivant. Ce serait génial si vous pouviez m'envoyer des cartes "Yû-Gi-Oh"...

J'aimerais savoir : est-ce que Anzu est amoureuse de Yûgi ?

Et je voudrais aussi savoir si vous passez dans les villes pour présenter les livres ? On pourrait vous voir, comme ça...

Au revoir et à bientôt.

Jean-Louis A. — 14 ans — Pau (64)

Cher Jean-Louis,

Il est très probable que l'on ne connaisse la vraie nature des sentiments d'Anzu qu'à la toute fin de l'histoire (c'est-à-dire pas tout de suite). Pour l'instant, on est néanmoins en droit d'avoir de sérieux soupçons.

Ensuite, non, nous ne traversons pas la France et les pays francophones pour présenter nos livres ! Ce serait un plaisir d'aller à la rencontre des fans mais c'est quelque chose qui est plutôt réservé aux auteurs lorsqu'ils font la promotion de leur livre.

Fabian BECKX
17 ans - Bruxelles

XIII BIS RECORDS
sur Canal J
Yu-Gi-Oh!
LA MUSIQUE DE TA SÉRIÉ TÉLÉ
ENFIN DISPONIBLE
EN VERSION FRANCAISE !
Yu-Gi-Oh!
Le Duel
LE GÉNÉRIQUE DE TA SÉRIE
Yu-Gi-Oh!
A TOI DE JOUER !
LE SINGLE "Le Duel"
L'ALBUM "A toi de jouer !"
Envoie YUGI au
SMS+
81313
1€ par envoi + prix d'un SMS
Infos légales et conditions générales sur : www.mobivillage.com/81313/
Service édité par Mobivillage.
Télécharge la sonnerie Yu-Gi-Oh! en mono, poly ou hifi !
www.xiiibis.com
XIII BIS RECORDS
34, rue Eugène Flachat
75017 PARIS - FRANCE
Tél. : 33 -1- 42 12 52 82
Fax : 33 -1- 42 12 52 83

YU-GI-OH!

7, avenue P-H Spaak - 1060 Bruxelles

First published in Japan in 1996 by Shueisha Inc., Tokyo
French language translation rights in France arranged by Shueisha Inc.
Première édition Japon 1996

Dépôt légal d/2004/0086/240
ISBN 2-87129-640-5

Conception graphique : Les Travaux d'Hercule
Traduit et adapté en français par Sébastien Gesell
Adaptation graphique : Eric Montésinos

Imprimé en Italie par G. Canale & C. S.p.A. - Borgaro T.se (Torino)